Alfred von Sallet, Albrecht Dürer

Untersuchungen über Albrecht Dürer

Alfred von Sallet, Albrecht Dürer

Untersuchungen über Albrecht Dürer

ISBN/EAN: 9783743402973

Hergestellt in Europa, USA, Kanada, Australien, Japan

Cover: Foto ©ninafisch / pixelio.de

Manufactured and distributed by brebook publishing software
(www.brebook.com)

Alfred von Sallet, Albrecht Dürer

Untersuchungen über Albrecht Dürer

UNTERSUCHUNGEN

ÜBER

ALBRECHT DÜRER

VON

DR. ALFRED VON SALLET

EHRENMITGLIED DER NUMISMATISCHEN GESELLSCHAFT IN LONDON.

MIT ZWEI HOLZSCHNITTEN.

BERLIN.

WEIDMANNSCHE BUCHHANDLUNG.

1874.

Vorwort.

Die folgenden kleinen Beiträge entstanden bei jahrelanger. Beschäftigung mit den Werken Albrecht Dürers, zum Theil sollten es nur Anmerkungen zu Hausmann, Retberg und andern Werken sein. Wenn ich gewissermassen eine Ehrenrettung einiger Zeichnungen Dürers im Berliner Museum versucht habe, so wird sicher kein billig denkender Leser dies mit meiner Stellung am Berliner Museum in Zusammenhang bringen. Gewiss liegt es mir sehr fern, für die Originalität aller in Berlin oder irgend wo anders befindlichen angeblichen Dürerzeichnungen zu plaidiren; mir kam es nur auf eine vorurtheilsfreie Untersuchung der Sache selbst an, ohne Rücksicht auf den Besitzer.

A. v. S.

Inhalt.

Berichtigung.

S. 7 statt Sigmundt von Dietrichstain
    lies Sigmundt von Ditrichstain.

Die angezweifelten Dürerzeichnungen in Berlin, Bamberg, Weimar.

Die an drei verschiedenen Orten: Berlin, Bamberg, Weimar befindliche früher vereinigte Sammlung von Portraitzeichnungen — früher, wie es heisst, im Besitz der Familie Pfintzing in Nürnberg, dann von Derschau und Heller erworben — fast sämmtlich im Profil, leicht mit Kohle und Kreide gezeichnet, von späterer Hand im Contour ausgeschnitten, aufgeklebt und meist von derselben Hand mit Namensunterschriften versehen, galten bisher für ächte Dürersche Zeichnungen, theils auf der niederländischen Reise, theils auf dem Augsburger Reichstag 1518 verfertigt, für sein »Skizzenbuch«. Neuerdings hat Herr Dr. Moriz Thausing in Wien Zeitschr. f. bild. Kunst VI, 1871 p. 114) in einem kurzen und in sehr starken Ausdrücken geschriebenen Artikel diese Zeichnungen für das Werk »eines ganz gleichgiltigen Stümpers«, eines »Fälschers« bezeichnet, und hält es für eine »Ehrenpflicht gegen Dürers Namen« dies »aufzudecken«.

Auf diesen Artikel haben Hauser, v. Eye, v. Zahn u. a.[1] erwiedert. Hauser weist auf ein in Dürers Stichen und

---

[1] Vgl. die Zusammenstellung bei Thausing, Nachruf an Zahn, Jahrb. f. Kunstwissensch. VI, 1873, 221.

Holzschnitten vorkommendes Wasserzeichen auf einer dieser
Zeichnungen in Bamberg hin, Eye constatirt die Uebereinstimmung einiger Köpfe mit gleichzeitigen Medaillen
und bildlichen Darstellungen. Zahn kommt in seinem
eingehenden und gründlichen Artikel zu dem Resultat,
dass die Zeichnungen wohl nicht von Dürer, sondern von
einem andern gleichzeitigen guten Meister sind, an Fälschung sei nicht zu denken.

Thausing[1]) giebt in einer Entgegnung im wesentlichen
zu, dass die Zeichnungen auch Dürer gleichzeitig sein
können, aber gefälscht seien sie doch, denn Dürers
Monogramm sei in betrügerischer Absicht hineingesetzt
worden. Er theilt in seinem Artikel aus einem Briefe von
Hausmann mit, dass dieser drei Dürersche Wasserzeichen
auf den Bamberger Blättern gefunden. Er wünscht zum
Schluss, dass man ihm die Genugthuung lasse, das »Werk
Dürers« von einem schweren Ballaste befreit zu wissen«.
Noch in seinem Buch: »Dürers Briefe« etc. sagt Thau-
sing, er habe die Unächtheit dieser Blätter »nachgewiesen«.
Aehnliches sagt er 1873 in Zahns Jahrbüchern.

So steht jetzt die Frage; soviel ich weiss, hat man
seitdem noch nicht daran gedacht, die von Zahn an-
gerathene Untersuchung: »jedenfalls verdient nunmehr die
Folge der Bildnisse mit Zugrundelegung der ächten Bezeichnungen einer Prüfung der Portraitähnlichkeiten der benann-
ten und ... unbenannten Personen u. s. w.« weiter zu führen.

Die im Berliner Kupferstichcabinet befindlichen Zeichnungen gaben mir Gelegenheit, einige Notizen zu dieser
Untersuchung zu liefern, die vielleicht einem wirklichen
und soliden Kenner Dürers die Anregung geben, eine

[1]) In demselben Bande der Jahrbücher, p. 347 ff.

umfassende kritische Arbeit über alle drei Theile dieser Bildnisssammlung zu unternehmen.

Die Portraits stellen bekanntlich grossentheils Personen dar, welche Dürer in seiner niederländischen Reise 1520/21 erwähnt und nach seinen eigenen Notizen auch »conterfet« hat; andere Nürnberger Bürger, Geistliche, deutsche Fürsten u. s. w. Die Unterschriften sind von späterer Hand, aber offenbar nach den z. Th. erhaltenen Originalaufschriften copirt.

An zwei Beispielen, Ulrich von Hutten in Berlin und Felix Hungersberg in Bamberg, hat Thausing besonders die Fälschung zu beweisen gesucht: ersterer stimmt nicht mit den bekannten Portraits Huttens, letzterer nicht mit der sicher ächten mit Beischrift von Dürers Hand ver-. sehenen Wiener Zeichnung. Das Bamberger Blatt habe ich nicht gesehen. Mit einer andern Bamberger Zeichnung verhält es sich aber gerade umgekehrt. Der Bamberger »Hans Pfaffroth« stimmt mit der schönen Dürerzeichnung desselben »Hans Pfaffrot von Danzgen« (1520) überein, welche Herr Prof. Bendemann in Düsseldorf besitzt, nur trägt Pfaffrot auf letzterer Zeichnung einen keimenden Bart, welcher auf der Bamberger verschnitten oder verrieben ist, oder vielleicht vom Dargestellten abrasirt war, als die Zeichnung gemacht wurde[1]. Von Huttens Bild behauptet J. Meyer und Thausing, es sei andern Bildnissen unähnlich, während Eye das Gegentheil behauptet — ich lasse dies dahingestellt, da die Ansichten hier auseinandergehen[2].

[1] Eine schöne Durchzeichnung des Bamberger Pfaffrot verdanke ich der Güte des Herrn A. Hauser, des Conservators der Bamberger Kunstsammlung.

[2] Unter den vier verschiedenen Holzschnitten in vielen Schriften

Jedenfalls aber darf man, zumal da bei den später gemachten Unterschriften wohl Verwechslungen stattfinden konnten, nach zwei Beispielen nicht auf die ganze Reihe schliessen. Im Gegentheil hat eine flüchtige Betrachtung der Berliner Zeichnungen mir ein ganz anderes Resultat geliefert, als man nach Thausings absprechendem und in durchaus dictatorischem Styl geschriebenen Aufsätzchen, namentlich nach seiner Aeusserung: »dazu kommt, dass die Profile mit den sonst bekannten Bildnissen der dargestellten Persönlichkeiten auch gar nichts gemein haben«, erwarten sollte.

Genau mit den bekannten Portraits und Medaillen stimmt zunächst das Bildniss des Cardinal-Erzbischofs von Mainz, Albrecht von Brandenburg.

Doch nicht die Uebereinstimmung der Portraits so wohlbekannter und oft dargestellter Männer ist es, die ich betonen will: gerade solche Portraits, die wenig bekannt — zum Theil nur aus Medaillen, die man bisher nur wenig zu Rathe gezogen hat — und schwer zu erlangen sind, stimmen in ganz auffallender Weise in der Dürerschen oder Pseudodürerschen Zeichnung mit andern gleichzeitigen Werken vollständig überein.

So sind die Zeichnungen der Nürnberger Ulrich Starckh, des Melchior Pfintzing, Martin Pfintzing, Sebald Pfintzing, Andreas Imhof, Lorenz Staiber, Georg Schlauderspach, Bonaventura Fortenbach (Furtenbach) durchaus identisch

Huttens, z. B. im Phalarismus, Gesprächbüchlein, Conquestio, Expostulatio, scheint mir letzterer 'Rundbild' Aehnlichkeit mit der Zeichnung zu haben. Alle vier sind im Dreiviertelprofil. — Hutten war ebenso wie Dürer auf dem Augsburger Reichstag 151S.

¼ d. Orig.

Georg Schlanderspach.

mit den gleichzeitigen Nürnberger Portraitmedaillen dieser
Männer, zum Theil von 1519 [1]).

Ebenso verhält es sich mit den fürstlichen Personen:
»Bischof von Triennt«, d. i. Bernhard von Cles 1514—1539,
und dem Erzbischof Matthäus (Lang von Wellenburg)
von Salzburg (die Unterschrift der Zeichnung ist irrig
»Mathias«), deren schöne Thaler und andere Geldstücke
genau den Zeichnungen gleichen, der »abbas fontis salutis«[2]), d. i. Joh. Wenck, Abt von Heilbronn; Friedrich von
Bayern (d. i. Pfalzgraf, später Kurfürst Friedrich von der
Pfalz, Herzog von Bayern[3]), Joachim der erste von Brandenburg, Sigismund von Dietrichstein, Bertold Graf von
Henneberg, deren Medaillen, zum Theil von 1519, bis ins
kleinste Detail in Zügen und oft auch in der Kleidung
den Zeichnungen gleichen.

Es scheint mir kaum nöthig, etwas über die Tracht
zu sagen: ich kann versichern, dass überall die Tracht
der Zeichnungen mit Medaillen jener Zeit aufs genaueste
übereinstimmt. Nur ein in der Trachtenkenntniss des
16. Jahrhunderts völlig Ungeübter kann bei den Frauen
den »Zopf unter dem Männerhut, der einem Lieutnant in
der Armee des »alten Fritz« Ehre machen würde« und
den schief sitzenden, vorn weit überragenden Ritterhut
der Männer (Thausing) bemängeln. Beide Trachten sind
auf den Werken dieser Zeit alltäglich.

---

[1] Ich brauche wohl kaum zu bemerken, dass ich nur Originale
oder deren Abformungen, niemals Abbildungen zu Rathe ziehe. —
In Heraeus' Werk finden sich noch mehrere mit den Berliner Zeichnungen übereinstimmende Medaillen, z. B. Statthalterin Margarethe,
Georg von Würtemberg.

[2]) Die neue Unterschrift ist fehlerhaft: »salicitis« statt salutis.

[3] Dies ist bekanntlich der Titel der Pfalzgrafen und Kurfürsten
von der Pfalz.

¼ d. Orig.

Sigmundt von Dietrichstain.

Aus den von mir hervorgehobenen Aehnlichkeiten will ich noch kein Resultat ziehen; nur das geht klar hervor: ein Fälscher späterer Zeit müsste ein sehr umsichtiger und gelehrter Mann gewesen sein, wenn er wirklich die so schwer zu erlangenden gleichzeitigen Portraits des Freiherrn Dietrichstein und des Grafen Henneberg, der Pfintzinge, des Staiber, Behaim, Furtenbach, Imhof, Schlauderspach u. s. w. mit sicherm kritischen

Takt sich aus den Medaillen herausgesucht hätte, und in der Kostümkunde müsste der Fälscher sogar gelehrter gewesen sein als sein jetziger Entlarver.

Nehmen wir aber an, dass der »Fälscher« in Dürers Zeit gelebt hat, so muss er noch schlauer und berechnender gehandelt haben: unter den Zeichnungen befindet sich das Bildniss des Nürnbergers Georg Schlauderspach, genau mit der gleichzeitigen Medaille übereinstimmend. Dieser Georg Schlauderspach oder Schlauderspacher war mit Dürer zusammen in Aachen und Antwerpen: Georg Schlauderspach schenkt Dürer in Antwerpen »Meerruten« (Campe, Reliquien, Dürers Tagebuch, p. 94), Dürer hat den Georg Schlauderspach in Aachen »mit der Kohlen conterfet« (p. 99). —

Also ist der gleichzeitige »Fälscher« entweder dem Dürer nach Aachen und Antwerpen nachgereist, oder er hat sich nach Dürers Rückkehr die Einsicht in sein Reisemanuscript zu verschaffen gewusst[1] und dann den Schlauderspach nach der Medaille, oder, da auch er bereits 1521 zurück war[2], nach der Natur gezeichnet.

Ferner: die sechzehn gezeichneten deutschen Fürsten und Kirchenfürsten: Kurfürst Joachim, Markgraf Joachim, Sohn, der von Anhalt, Georg von Würtemberg (Tübingen) Pfalzgraf Friedrich, Bertold v. Henneberg, Albrecht von Mainz, Matthaeus Lang, Cardinal, die Bischöfe von Brandenburg, Trient, Speier, Johann, Administrator von Regensburg, die Aebte von Heilbronn, St. Paul im Lauenthal, St. Egidien in Nürnberg und Propst

---

[1] Dies wäre überhaupt anzunehmen, wenn man einen gleichzeitigen Fälscher statuiren will.

[2] Er heirathete im November 1521 in Nürnberg. Vgl. Thausing, Dürers Briefe etc. p. 216.

[Abt Pfintzing in Nürnberg waren alle ausser dem Bischof von Speier und dem Grafen Bertold v. Henneberg auf dem Augsburger Reichstag 1518. wie dies das Verzeichniss in Haselberg, Stend des hailigen Römischen Reichs etc., Augsburg 1518 (abgedruckt in Böckings Hutten V, 281) beweist. — Also ist der »Fälscher« wahrscheinlich dem Dürer auch auf den Augsburger Reichstag nachgereist!

Dies alles ist natürlich kaum denkbar. also dürfte schon hier die Annahme einer gleichzeitigen »Fälschung« fallen.

Da die Blätter seit dem Beginn dieses Jahrhunderts in festen Händen waren, wird die Ansicht. die Zeichnungen seien in späterer Zeit gefälscht. immer bedenklicher. Jeder weiss, dass genaue kritisch-methodische' Nachbildung oder Fälschung, oder Erfindung von Kunstwerken aus dem Anfang des 16. Jahrhunderts für alle späteren Zeiten — für das übrige 16. Jahrhundert. das 17. und 18. — eine gar schwierige Sache war. Betrachten wir die matten Copien Dürerscher und anderer Blätter und die elenden und uncharakteristischen Abbildungen solcher Werke im 17. und 18. Jahrhundert! Ich glaube. dass man erst in unserem Jahrhundert im Stande sein konnte, einige Genauigkeit beim »Fälschen«, Stylkenntniss, Kostümkenntniss u. s. w. anzuwenden. — Aber in unserem Jahrhundert waren die Blätter bereits in festen Händen.

Ohne mich auf das bisher so sehr betonte und in den Vordergrund gestellte Verhältniss der Unterschriften zu ihren Originalen, den alten vom Künstler selbst auf die Portraits gesetzten Bezeichnungen. einzulassen — ich bemerke nur, dass eine sehr gewichtige Autorität.

Böcking, die Aufschrift »Ulrich v. Hutten« für Dürers Handschrift erklärt (Böcking, Hutten, I, p. XVI) —, will ich nur noch einen recht auffallenden und wiederum für die ungemein grosse kritische Begabung des »Fälschers« sprechenden Umstand hervorheben:

Heller beschreibt unter seinem Bamberger Theil der fraglichen Zeichnungen auch das Portrait der »Katharina Sterckhin« (p. 27), die er nicht kennt; er vermuthet in ihr eine Verwandte des von Dürer erwähnten Lorenz Starck, dem er zu Antwerpen seine Stiche schenkte. — Die Katharina Sterckhin war aber die Gemahlin des Ulrich Starck, dessen Portrait sich im Berliner Theil der fraglichen Zeichnungensuite befindet und zwar genau mit seinen Medaillen übereinstimmend.

Imhof (Sammlung eines Nürnbergischen Münzcab. I, 2. Abth. (1782) p. 666 f.) führt mehrere Medaillen mit den Portraits des Ehepaars, Ulrich Starck und »Katerina Starkin (auch Starckin) uxor« an. Eine derselben, von feinster Arbeit, gegossen und ciselirt, im Berliner Museum, hat die Umschrift: Ulrich Starck aeta. sue XLVI. Katarina Steckin aeta sue XXXVIII (1531), vgl. Friedlaender und Sallet, das Kgl. Münzcabinet, p. 238 Nr. 950. Natürlich ist dies: »Steckin« nur etwas fehlerhaft für Sterckin oder Starckin gesetzt. Ob das Bamberger Portrait mit den Medaillen stimmt, weiss ich nicht; die Tracht der Frau ist dieselbe: Hut und bis zum Hals reichendes Kleid.

Also hier ist der »Fälscher« gelehrter gewesen als der gewiegte Dürerkenner Heller. Heller hat nichts von der Katharina Starckin oder Sterckin gewusst, der »Fälscher« aber hat gar schlau sowohl den Gemahl

Ulrich Starck, wie die ihm sehr wohl bekannte Frau Katharina abkonterfeit!

Schon nach dem bisher Gesagten scheint mir die Berechtigung vorhanden, es auszusprechen: die Behauptung, dass die Berlin-Bamberg-Weimarer Zeichnungen Fälschungen späterer Zeit seien, ist grundlos. Nie konnte sich ein Fälscher so in die Portrait- und Personalkenntniss der Zeit um 1520 hineinarbeiten; vielmehr deutet fast alles auf einen gleichzeitigen Nürnberger Künstler, der etwa um 1519, 1520, 1521 (die Medaillen beginnen mit 1519, einige tragen die Jahrzahl 1521) arbeitete.

Aber auch die Annahme eines gleichzeitigen Fälschers erscheint nach dem, was sich aus der Vergleichung des Georg Schlauderspach mit der Medaille und mit Dürers Tagebuch und aus den Zeichnungen vom Augsburger Reichstag ergiebt, absurd.

Ein hochwichtiges Moment für die ganze Frage bleibt uns aber noch zu betrachten: die Wasserzeichen der Papiere jener Zeichnungen.

Die Wichtigkeit dieser Untersuchungen brauche ich Dürerfreunden nicht auseinanderzusetzen. Wer das treffliche Werk von Hausmann kennt, das seit seinem Erscheinen der ganzen Dürerforschung ein ganz sicherer, auf den festesten Grundlagen fussender Wegweiser und Führer geworden ist, weiss wie untrüglich die Resultate sind, welche man aus der vergleichenden Betrachtung der Wasserzeichen gewinnt.

Bei den fraglichen Dürerzeichnungen ist die Untersuchung etwas durch den Umstand erschwert, dass die Zeichnungen sämmtlich von barbarischer Hand am Anfang des 17. Jahrhunderts (wie man annimmt) ausgeschnitten

und dann sauber auf dickes Papier geklebt worden sind;
man hat also bisweilen Mühe, das Papierzeichen zu erkennen und muss sich hüten, das Zeichen des alten
aufgeklebten Papiers mit dem des neueren unterklebten
Papiers zu verwechseln.

Hausmann hat auf den Bamberger Zeichnungen die
hohe Krone (Hausm. Nr. 4 u. 21) auf vier Blättern und andern von 1521. den stehenden Hund (Hausm. Nr. 13) auf
vier Blättern, den Anker im Kreis (Hausm. Nr. 7 auf
einem Blatte von 1520 gefunden; Ruland in Weimar die
hohe Krone, den Ochsenkopf[1]), den Reichsapfel.

Auf den Berliner Zeichnungen fand ich folgende
Wasserzeichen: den Ochsenkopf mit Caduceus (Hausm.
Nr. 31) bei Sebald Pfintzing, den Reichsapfel mit Strich
und Stern (Hausm. Nr. 24) bei Ulrich von Hutten. Bern-
hardt Hürssvogel, Abt von St. Paul (Ulrich Pfintzing, und
Anna Martin Pfintzing[2], die kleine Krone (Hausm. Nr. 36
bei Friedrich Beheim, die hohe Krone (Hausm. Nr. 21
bei Sigismund von Dietrichstein, ausserdem eine der
hohen Krone fast genau gleichende, etwas kleinere bei
»Maister Hans Voltz Parbierer«[3]).

Mit diesen Wasserzeichen verhält es sich folgender-
massen: die hohe Krone kommt nach Hausmann seit 1510.
bis 1525 auf Dürerschen Stichen und Holzschnitten vor,
der Anker im Kreis bis 1525, der Hund bei Handzeich-
nungen öfter, der Reichsapfel mit Strich und Stern bei
Holzschnitten um 1510, der Ochsenkopf mit Caduceus im
Jahre »1518 und später«, die kleine Krone bei Zeichnungen seit 1523.

---

[1] Ob mit oder ohne Caduceus ist nicht gesagt.
[2] D. h. bekanntlich Anna, Gemahlin des Martin P.
[3] Den Literarhistorikern als Nürnberger Dichter bekannt.

Also die Papiere mit diesen sechs Wasserzeichen hat Dürer in Nürnberg in den Jahren 1510—1523 und später verwendet.

Es ist bereits durch A. v. Zahn und Andere, auch durch Hausmann selbst in einem Briefe an Thausing festgestellt, dass nach diesen von mir um einiges vermehrten Beobachtungen der Papierzeichen von über zwanzig Blättern eine spätere Fälschung unmöglich ist; dass diese Wasserzeichen ein »sicherer Beleg dafür sind«, dass der »Fälscher« kein späterer war, sondern zu Dürers Zeit gelebt haben muss, denn »nach der ersten Hälfte des 16. Jahrhunderts sind mir (Hausmann) diese Wasserzeichen niemals vorgekommen«. Erst in allerneuester Zeit hat man auf die Wasserzeichen geachtet, ein Fälscher des 17., des vorigen Jahrhunderts oder aus dem Anfange dieses Jahrhunderts konnte sich also unmöglich sechs verschiedene ächt Dürersche Papiersorten in 20 Exemplaren zum Zwecke seiner Fälschung verschaffen.

Also der spätere Fälscher wäre beseitigt.

Nun bleibt also nur noch die Annahme einer gleichzeitigen Fälschung.

Ich habe oben an dem Beispiel des Georg Schlanderspach gezeigt, dass bei dieser Annahme der gleichzeitige Fälscher entweder Dürer nach Aachen und Antwerpen nachgereist ist oder sich dessen Reisetagebuchmanuscript zu verschaffen wusste und die darin als gezeichnet angeführten Personen oder doch die eine, den Schlanderspach, nachher aufs getreueste in Nürnberg portraitirte, oder, dies bleibt als dritte Möglichkeit, er hat Dürers Skizzenbuch nachgezeichnet! Ebenso müsste der Fälscher Dürer'n auch nach Augsburg begleitet haben u. s. w., wie oben gesagt wurde.

Nun, ich denke jeder wahrheitsliebende Leser wird
mit mir übereinstimmen, wenn ich ein solches Gebäude
von Unwahrscheinlichkeiten für unmöglich erkläre.

Also aus rein sachlichen Gründen, nicht durch sub-
jectives Kunstgeschwätz oder dreiste Behauptungen bin
ich zu dem Resultat gelangt, dass wohl niemand anders
als Albrecht Dürer selbst der Verfertiger jener Zeichnungen ist.

Ein grosser Theil muss auf der niederländischen Reise
1520/21, ein anderer aber wohl auf dem Reichstag zu
Augsburg 1518 verfertigt sein, denn nur bei dieser Gelegenheit kamen die hier dargestellten fürstlichen, geist-
lichen und ritterlichen Personen zusammen[1]. — Gewiss
wird es allmählich gelingen, zu den von mir nachgewie-
senen sechzehn genau andern gleichzeitigen
Bildnissen der Dargestellten gleichenden
Berliner Zeichnungen noch mehr Identitäten, besonders aus der niederländischen Reise, nachzuweisen.
Allerdings sind diese schwerer zu beschaffen als die
Nürnberger und die deutschen Fürsten.

Nun noch ein Wort über den Kunstwerth: der ästhe-
tische Geschmack muss doch bei den Kunstkennern ein
sehr verschiedener sein. Bisher hielt man die Zeichnungen für schön, genial, geistreich; Hausmann zweifelte
nicht an der Aechtheit, Heller nennt sie: »flüchtig,
doch mit vielem Geist und Bestimmtheit gefertigt«. Herr
Thausing erklärt sie für das Werk eines »gleichgiltigen
Stümpers«.

Welche Methode und welche Art von Kritik Herr

---

[1] Lang, Cardinal, Bischof von Gurk, seit 1519 Erzbischof von
Salzburg, führt in der Unterschrift der Zeichnung schon letzteren Titel.

Thausing in seinem Artikel angewendet, glaube ich genugsam gezeigt zu haben: aber: semper aliquid haeret: trotzdem fast alle seine Behauptungen und Angriffe sogleich für unrichtig, mit »unverantwortlich leichtem Herzen unternommen« erkannt worden, obgleich manche nur aus einer Unkenntniss der Kostüme des 16. Jahrhunderts hervorgehen — die Autorität der Zeichnungen ist bei manchen Kunstkennern eine schwankende geworden. Es wäre vergebliche Mühe, sich in einen Streit über Schönheit oder Hässlichkeit der Blätter einzulassen, ich habe mich nur bestreben wollen, rein sachlich den objectiven Thatbestand festzustellen.

Nur der seltsame Umstand, dass fast alle Köpfe im Profil dargestellt sind, scheint mir jetzt eine einfache Erklärung zu finden: die genaue, oft sklavische Uebereinstimmung von Nürnberger Medaillen mit den Zeichnungen, genau bis ins kleinste Detail der Kleidung, der Haare, macht es mir fast zur Gewissheit, dass diese Zeichnungen Modelle, »Visirungen« zu Medaillen gewesen und zwar zu der vortrefflichen Suite ziemlich grosser. Nürnberger Schaustücke, welche zum Theil mit der Jahreszahl 1519 bezeichnet sind.

Möchten die Herren Kunstkenner meinen Versuch, die Berlin-Bamberg-Weimarer Zeichnungen wiederum Albrecht Dürer zuzuweisen, nicht, wie ich dies von einigen fast fürchte, mit Schmähungen beantworten oder ganz ignoriren, sondern ernst die Sachlage prüfen, sie würden gewiss erkennen, dass mich nur das Streben nach Wahrheit in der Erforschung der Werke unseres herrlichsten deutschen Meisters zu vorstehenden Worten veranlasst hat.

Bemerkungen zu Dürers Kupferstichen und Holzschnitten.

B. 31. Die Madonna mit der Sternenkrone.

Unter den im Berliner Kupferstichcabinet ausgestellten Blättern befindet sich ein sehr schöner Probedruck dieses Blattes, vor Vollendung der äusseren Strahlenreihe, welche nur zum Theil fertig war.

B. 34. Die das Kind säugende Madonna. 1503.

Von diesem seltenen Blatt besitzt das Berliner Museum einen ganz ausserordentlich schönen und kräftigen Probedruck, der bisher noch nicht ganz genau beschrieben worden ist. Hausmann und nach ihm Retberg sagt: »einen Probedruck ... welcher noch nicht das Täfelchen mit der Jahreszahl hat«. Es fehlt aber nicht nur das Täfelchen, sondern auch das ganze dürre Bäumchen, an welchem sonst das Täfelchen hängt. — Ein bekannter Kunstgelehrter äusserte früher gegen mich, das Fehlende sei auf dem Berliner angeblichen Probedruck ausradirt. Dies ist aber nicht der Fall, wie wiederholte genaue Prüfung des Blattes ergeben hat. Von wem die Verleumdung des Berliner Blattes ausgeht, weiss ich nicht.

B. 45. Die Madonna am Thor.

Dieses längst als die Arbeit eines gleichzeitigen, wohl italiänischen Künstlers erkannte Blatt wird doch fast überall mangelhaft beschrieben und erklärt. Es soll nach einer Zeichnung Dürers angefertigt sein u. dgl. Das Richtige findet sich im Auctionscatalog der schönen Sammlung Posonyi, Wien (München) 1867. Unmöglich liegt diesem nicht vorzüglichen Stich eine Zeichnung Dürers zu Grunde, er besteht aus zusammengesuchten Dürerschen Motiven (aus dem Leben der Maria), was den Hintergrund betrifft. Die Madonna selbst ist ebenfalls eine ungefähre Nachbildung der Madonna aus dem Leben der Maria, Titelblatt B. 76.

B. 66. Die drei Genien.

Man hat allerhand phantasiereiche Erklärungen dieses Blattes versucht. Es ist aber weiter nichts als ein decorirter (leerer) Wappenschild, die drei Figuren sind Wappenhälter und Wappenzierden. Phantasiewappen und Verzierungen beliebiger Wappenschilder sind bekanntlich in jener Zeit vielfach gestochen worden.

B. 73. Die Eifersucht.

Dieses Blatt wird von Vasari als Diana, welche eine Nymphe schlägt, erklärt. Es ist wohl nur ein Versehen, wenn Hausmann p. 29 sagt, Vasari beschreibe das Blatt als eine Venus etc. Weder in der Ausgabe von 1568 noch in den neuen findet sich diese wohl unmögliche Variante. Die modernen Erklärer sehen darin die Wirkung der Eifersucht und den Hahnrei etc. etc. Ich habe bereits früher eine Deutung des Blattes versucht, welche ich hier etwas weiter begründen möchte, trotz der einfachen und kurzen Versicherung des anonymen Recensenten in Zahns Jahrbüchern für Kunstwissenschaft Bd. I., dass meine Deutung »kaum thunlich scheine«.

Die Darstellung des Blattes ist folgende. Links vom Beschauer liegt in den Armen eines bekränzten und gehörnten Satyrs mit Bocksfüssen ein nacktes Weib. Aus dem Gebüsch in der Mitte tritt eine leichtbekleidete, majestätische Frauengestalt, welche mit einem Baumast die liegende Gruppe, die sich ängstlich zu schützen sucht, bedroht. Rechts steht ein nackter Mann, mit einem Hahn und Widderhörnern als Kopfschmuck, einen Baumstamm der bekleideten Frau abwehrend entgegenhaltend. Weiter rechts entflieht ein kleiner Knabe, der einen Vogel in der Hand hält. Den Hintergrund bildet links eine verschlossene burgartige Stadt, in der Mitte die Baumgruppe, rechts eine schöne Landschaft, ein Fluss mit romantischen Ufern.

Hausmann hat zuerst darauf aufmerksam gemacht, oder, wenn man bei einer so klar liegenden Sache so sagen darf, nachgewiesen, dass Dürer selbst dies Blatt, welches er unter den »ganzen Bögen« in der niederländischen Reise anführt, den »Herculum« genannt hat, denn unter den andern »ganzen Bögen« Dürers giebt es keinen, auf welchen diese Bezeichnung irgend wie passen würde. (Hausmann p. 29. Campe Reliquien p. 87.)

Es existirt ein kleiner Kupferstich von Hans Sebald Beham, B. 108, welcher eine der linken Gruppe ähnliche darstellt: ein im Schosse eines bocksfüssigen Satyrs liegendes nacktes Weib. Die Gruppirung weicht ab, aber offenbar hat Beham Dürers Stich neben sich gehabt, denn der Schmuck des Satyrkopfes, sowie die sorgfältige Frisur der Frau sind genau nach Dürers sogenannter Eifersucht copirt. Dieselbe Gruppe, ganz ähnlich, zeigt ein Stich Aldegrevers (B. 93). Die Ueberschrift von Behams Stich ist: »Nessus et Deianira«. — Wenn wir nun berücksichtigen, dass auch Aldegrever in einem Blatt der Herculesthaten (B. 92) die Centauren als bocksfüssige Satyrn, nicht wie in der antiken Kunst, darstellt, und die Dürersche Bezeichnung, den »Herculum«, sowie die Beischrift des Behamschen Blattes, »Nessus et Deianira« vergleichen, so liegt wohl meine Vermuthung sehr nahe, dass wir auch in dem Dürerschen »Herculus« eine, vielleicht mittelalterliche, Version der Erzählung von Hercules, Nessus und Deianira zu erkennen haben. Die Figuren wären also so zu deuten: links Nessus mit der Deianira, rechts Hercules, die bekleidete Frau wäre etwa die erzürnte keusche Diana — wie Vasari meint — oder die Frau des Nessus. Den Knaben hat man Amor genannt, aber auch nur vermuthungsweise.

Die antike Mythe weiss, soviel mir bekannt, nichts von einem Liebesverhältniss des Nessus und der Deianira, sowie von einer lächerlichen, vielleicht Hahnrei-Rolle des Hercules; überhaupt nichts, was uns zur Erklärung des wunderlichen Blattes dienen könnte; ebenso ist die Darstellung der Centauren als Satyrn im Alterthum unerhört.

Auch die italiänische Literatur des Mittelalters, Dante, Boccaccio (genealogiae deorum) enthält nichts, was uns Licht bringen könnte. Boccaccio erzählt die Geschichte von Nessus und Deianira durchaus mit der antiken Mythe übereinstimmend.

Ob Dürer nach einem älteren Künstler copirte, ob er, wie man gesagt hat, von Mantegna beeinflusst war, ob er irgend ein die antiken Mythen in carrikirter Form behandelndes Buch benützt, woher er überhaupt seine sonderbaren Herculesdarstellungen hat (ich erinnere an den räthselhaften Holzschnitt »Ercules« B. 127), darüber fehlt uns vorläufig, soviel ich weiss, jede Nachricht, jede Spur.

Ganz dieselbe Scene, welche Dürers Stich enthält, nur ganz anders gruppirt und sicher nicht nach Dürer copirt, zeigt ein kleines Oelbild von Altdorfer von 1507, in der Suermondtschen Sammlung[1]). Es muss also wohl eine gemeinsame, den Künstlern des 16. Jahrhunderts bekannte Quelle existiren.

Jedenfalls glaube ich, dass meine Deutung des Dürerschen Stiches als Nessus, Deianira und Hercules doch nicht so ganz aus der Luft gegriffen ist und wohl einige Aufmerksamkeit verdient. Mit dem einfachen: »Diese Deutung scheint kaum thunlich« wird eben nichts gesagt.

Man könnte das Dürersche Blatt sicherer datiren als bisher geschehen ist: Retberg (p. 52, Nr. 126) setzt es »um 1509«. Marc Anton scheint aber auf seinem Kupferstich, Venus und Mars 1508, B. 345, die schöne Baumgruppe des Dürerschen Blattes »Hercules« nachgebildet zu haben, also wäre Dürers Stich spätestens 1508 fertig geworden.

B. 58. Das grosse Crucifix.

In der Berliner Sammlung befindet sich seit Kurzem ein prachtvoller, einer Federzeichnung gleichender erster

---

[1) Herrn Suermondt verdanke ich eine Durchzeichnung dieses Bildchens. Links die Gruppe des Satyrs und der nackten Frau, auf ihren Knieen der kleine Knabe. Im Hintergrunde das angreifende bekleidete Weib, von dem mit einem Knüttel bewaffneten nackten Mann zurückgehalten.

Druck — vor Hinzufügung der zweiten schlechten Platte — dieses grossartigen Blattes. Sein Wasserzeichen giebt uns eine sichere Datirung: es hat das Zeichen des Thurmes (Hausmann Nr. 27), also dasjenige der »Bücher« von 1511: des Lebens der Maria, der grossen und der kleinen Passion, der Apocalypse. Gewiss irrig ist Retbergs Ansicht, dass dies Blatt nur ein Dürersches Atelierwerk ist: der Anblick des schönen Berliner Exemplars lässt keinen Zweifel, dass das Werk in unmittelbarem Connex mit dem Titelblatt der grossen Passion und vielleicht der Dreieinigkeit steht. Der Ausdruck des Christuskopfes stimmt sehr mit dem Titel der grossen Passion. Jedenfalls ist das Wasserzeichen des Berliner Exemplars ein sicherer Beweis, dass das Blatt um 1511 entstanden ist.

B. 76—95. Das Leben der Maria.

Die Probedrucke des Lebens der Maria, vor dem Text von 1511, tragen, wie Hausmann nachweist, die Wasserzeichen der hohen Krone, des Ochsenkopfes, der Wage im Kreis; die Blätter von 1510 meist den Ochsenkopf mit Kreuz und Blume. Bei B. 89, der Flucht nach Aegypten, fand ich auch den Reichsapfel mit Strich und Stern. Die Ochsenkopfdrucke, meist viel zarter und auf den ersten Anblick matter, aber feiner als die Kronendrucke und Federzeichnungen ähnlich, sind die frühesten, dann scheinen die Drucke mit der Wage zu folgen, endlich die mit der hohen Krone. Die Drucke mit Ochsenkopf und Kreuz müssen natürlich in die Jahre 1510, 11 fallen.

Zur Erklärung der einzelnen Blätter noch einige unbedeutende Notizen:

B. 76. Titel.

Auf dem Titel, Maria auf dem Halbmond, sehen wir
links und rechts etwas bisher noch nicht beachtetes:
krause Haare und eine mit spitzen Strichen oder Här-
chen besetzte Erhöhung. Dies ist das Mondgesicht: auf
anderen Dürerschen Blättern, z. B. der Madonna mit der
Sternenkrone, B. 31, steht die Maria auf dem üblichen
menschlichen Gesicht der Mondsichel. Auf dem Titelblatt
des Lebens der Maria sind, wie man dies leicht durch
Vergleichung erkennen wird, nur noch das krause Haupt-
haar und das unrasirte Kinn des Mondgesichtes sichtbar,
den Mittelthcil verdeckt die Madonna mit ihrem falten-
reichen Gewand.

B. 80. Die Geburt der Maria.

In der rechten Gruppe: die Wärterin mit der neu-
gebornen Maria und andere um den Tisch sitzende Weiber
sieht man im Hintergrund eine beobachtende, in Tracht
und Ausdruck mit den übrigen nicht übereinstimmende
Figur; eine jugendliche Gestalt mit Diadem und leichtem
Gewand. Dies ist, wie mir von befreundeter Seite mitgetheilt
wird, ganz sicher ein Engel, wie dies die ganz ähnliche
Figur der Ruhe in Aegypten B. 90, beweist; die Flügel
sind, vielleicht absichtlich, versteckt oder nicht sichtbar.

B. 96. Die heilige Familie. 1511.

Ein schöner Abdruck dieses Blattes zeigt das von
Hausmann nur auf Probedrucken der kleinen Passion,
also auch um 1511, wahrgenommene Wasserzeichen eines
Ankers, Hausmann Nr. 29.

B. 156. Dürers Selbstportrait.

Im Kunsthandel sah ich hier vor einigen Jahren einen schönen altcolorirten Druck mit den Versen. In der letzten Zeile des Gedichts stand: »Aprilis« statt »Mayen«. Das Wasserzeichen dieses Blattes hatte etwa diese Form: ✳◇ 　　　　　　　　　　　'

B. App. 26. Der grosse Christuskopf.

Dies grossartige Blatt hat seit Bartsch verschiedene Schicksale gehabt; man hat es bald Dürer abgesprochen, sogar Hans Sebald Beham zugeschrieben, bald wieder Dürer zugewiesen. Eye hat in einem Artikel des Anzeigers für Kunde der deutschen Vorzeit das Blatt für eine alte vorzügliche Copie eines ihm in einem einzigen Exemplar bekannten Dürerschen Originals erklärt. Eye berichtigt im Anhang zur zweiten Auflage seines Dürer dies dahin, dass er sich bei genauer Vergleichung überzeugt, dass auf dem fraglichen Originalabdruck das ganze grosse Mittelstück nicht von anderer Hand, sondern identisch mit B. App. 26 sei, nur die beiden schmalen Randplatten (das Blatt besteht aus drei Platten), welche nur einen Theil der Dornenkrone und der Haare enthalten, seien von anderer, originaler Hand gewesen und auf den gewöhnlichen Drucken durch neu geschnittene ersetzt.

Ein zweites Exemplar dieses Druckes der ursprünglichen Platte ist nicht wieder zum Vorschein gekommen. Alle andern Abdrücke, die, wenn auch nicht gerade häufig, doch aber in den meisten Sammlungen und auch im Kunsthandel vorkommen, haben das späte erst lange nach Dürers Tode vorkommende Wasserzeichen des Augsburger Wappens Hausmann Nr. 50; da aber auch der von Eye erwähnte Druck ein später niederländischer Tondruck aus dem 17. Jahrhundert war. bleibt es doch zweifelhaft, welche Platte die ältere und originale war, wenn sich nicht einmal ein sicher früher Abdruck findet.

Was den Kunstwerth des Blattes anlangt, so ist gewiss Passavants und Eyes Ansicht die richtige, dass die Zeichnung desselben unbedingt von Dürer selbst herrührt. Dieser Christuskopf, der manche Aehnlichkeit mit dem Titelblatt der grossen Passion und dem grossen Crucifix, B. 58, hat, ist unstreitig eines der grossartigsten Werke des 16. Jahrhunderts, in Zeichnung wie in der Ausführung des Holzschnittes gleich ausgezeichnet. Am allerwenigsten wäre Hans Sebald Beham im Stande gewesen, diese grossartig gedachte und durchaus in Dürers Styl ausgeführte Zeichnung zu machen. Das Monogramm Dürers. unter der schwarzen Einfassung. mag vielleicht späterer Zusatz sein.

Die Medaillen Dürers und Nachahmungen seiner und anderer Kupferstiche etc. des 16. Jahrhunderts auf gleichzeitigen Medaillen[1].

Es giebt mehrere mit Dürers Monogramm bezeichnete Medaillen und Schaustücke, die aber zum Theil wohl mit Unrecht Dürer selbst zugeschrieben werden. Ob und welche Originale zu Grunde liegen, vermag ich in einigen Fällen nicht zu sagen. Ich vermuthe, dass man nur drei derselben Dürer mit ziemlicher Gewissheit zuschreiben kann. Alle drei sind schon oft, z. B. von Will in seinen Nürnbergischen Münzbelustigungen, abgebildet und besprochen worden: 1) Dürers Vaters im Profil von 1514. 2) der weibliche Kopf von vorn, angeblich Dürers Frau Agnes und Michael Wohlgemuth: von letzterem kenne ich, abgesehen von Abbildungen, nur die wahrscheinlich verkleinerte, aber wohl ziemlich gleichzeitige Copie, von der sich ein schlechter Zinnabguss im Berliner Museum befindet; so schlecht der Abguss ist, scheint er doch auf ein gutes Original zu deuten.

1. Das einseitige Schaustück mit dem Kopfe von Dürers Vater im Pelz und mit Pelzmütze linkshin, davor

---

[1] Wir haben von sachkundiger Seite eine eingehende Besprechung dieser Werke Dürers hoffentlich recht bald zu erwarten.

das Monogramm und die Jahreszahl 1514. Ein guter und
wohl alter Guss befindet sich im Berliner Museum; er stammt
gleich der zweiten Dürerschen Medaille aus der schönen
Sammlung des verstorbenen Joh. B. Friedlaender, des –
Vaters des Directors der numismatischen Abtheilung des
Berliner Museums. Das Originalmodell zu diesem Schaustück, in Speckstein, befindet sich ebenfalls im Berliner
Museum, leider nicht an seinem richtigen Ort im Münzcabinet, sondern in der sogenannten Kunstkammer. Es
ist gebrochen und geklebt, aber gut erhalten und von
sehr schöner Arbeit. Das Portrait selbst wird durch das
beglaubigte Münchener Gemälde von 1497, das im Gesichts-
ausdruck und in der Kleidung ziemlich gut stimmt, ge-
sichert. Freilich hätte Dürer das Specksteinmodell nicht
nach dem Leben, sondern wahrscheinlich nach einer Zeichnung modellirt, denn Dürers Vater starb bereits 1502.

2. Das einseitige Schaustück mit einem schönen ju-
gendlichen, leicht linkshin geneigten weiblichen Kopf von
vorn, rechts das Monogramm, links die Jahreszahl 1508.
Ein sehr wohlgelungener unciselirter, aber sicher gleichzeitiger Guss aus J. B. Friedlaenders Sammlung im Berliner Museum. Auch dieses ausserordentlich geniale, alle
andern gleichzeitigen Arbeiten dieser Art weit übertref-
fende Werk ist sicher vom Künstler in Speckstein modellirt worden. Ob und wo sich das Original findet, weiss
ich nicht [1].

Dieser Kopf gilt für Agnes Frey, Dürers Gemahlin.
Wie es aber scheint, stimmt der Kopf nicht mit den an-

---

[1] Beide Medaillen sind im Berliner Münzcabinet unter Nr. 931
und 940 ausgelegt. Vgl. darüber Friedlaender u. Sallet, das Kgl.
Münzcab. p. 233 ff.

dern Bildnissen, welche sicher Dürers Frau darstellten,
überein. Freilich würde nur ein Enfacebild aus den Jahren
um 1508 die Aehnlichkeit oder Unähnlichkeit definitiv
entscheiden. Auf einer der zweiten Hälfte des 16. Jahrhunderts angehörenden, nicht sehr geschmackvollen figu-
renreichen Composition, dem jüngeren Antonio Abondio
zugeschrieben, mit einem dem Dürerschen nachgebildeten
Monogramm aus ANAB (vgl. Meyers Künstlerlexicon 1869,
p. 30, ist der Kopf copirt, aber wohl als Venus gedacht;
Amor hält den Spiegel.

Die Bezeichnung »Agnes Alberti Düreri conjux« finden
wir — ob hier zuerst, weiss ich nicht — auf einem
Schwarzkunstblatt von Joh. Friedr. Leonhard, Mitte des
17. Jahrhunderts; diese Copie der Medaille ist schlecht
und geistlos, aber in den Aeusserlichkeiten ziemlich treu;
der Kopf ist als Büste aus Stein oder einem anderen
weissen Stoff dargestellt, mit Hinzufügung von Dürers
Monogramm und der Jahrzahl 1508. In späterer Zeit z. B.
bei Will p. 369, bleibt auf Autorität des Stiches hin die
Bezeichnung Agnes Dürer. Will bildet übrigens nur die
sehr mittelmässige verkleinerte Copie des Medaillons ab,
eine geringe Arbeit, vielleicht noch aus dem 16. Jahrhundert ein gutes Exemplar im Berliner Museum. Eine
schon bei Will erwähnte Deutung, die sich auch in späterer Zeit noch findet, ist nicht ganz aus der Luft gegriffen: man hat in dem Kopfe eine Madonna sehen wollen. Sicher kehrt in Dürers Madonnen der Kopf oder das
Modell, nach welchem Dürer den Kopf modellirte, wieder,
so in der von zwei Engeln gekrönten Madonna und der
Madonna mit der Birne [1]), auch in dem hübschen be-

---

[1]) Auch auf dem Münchener Oelbild, die Lucretia. Vgl. Marg-
graff, Pinakothek, Nr. 93 p. 25.

kleideten Brustbildchen, einem Kupferstich von Hans Sebald Beham, B. 204 (bezeichnet 1518 ⊞P, etwas an die
Madonna mit der Birne erinnernd. Ob Beham aber ein
Profan-Portrait oder die Madonna darstellen wollte, ist
nicht ersichtlich; Dürers Frau konnte im Jahre 1518
kaum noch so jugendlich aussehen.

Mehr lässt sich über die Bedeutung des Kopfes nicht sagen: jedenfalls ist aber die Bezeichnung »Agnes Dürer« eine
sehr unsichere, vielleicht erst in späterer Zeit erfundene.

3. Michael Wohlgemuth: Kopf mit Mütze linkshin, rechts
das Monogramm, links 1508, mit dem Dürerschen Oelbild in
München von 1516 übereinstimmend. Das Original dieser
Medaille hat sicher die Grösse von Nr. 1 und 2: bei Will
ist wohl nur die verkleinerte Copie abgebildet — wie bei
Nr. 2 — von der das Berliner Museum einen Abguss besitzt.

Ausser den beiden mir vorliegenden unter 1 und 2
beschriebenen wohl ganz sicher von Dürer selbst modell-
lirten Stücken und dem vielleicht ebenfalls von Dürer her-
rührenden Wohlgemuth giebt es kaum noch Medaillen,
die man Dürer mit einiger Sicherheit zuschreiben könnte.
Dass seine Portraitzeichnungen — meist Profilköpfe, vom
Augsburger Reichstag, aus Nürnberg und von der niederländischen Reise, in Berlin, Bamberg, Weimar — auf
eine Nürnberger Medaillenreihe, die mit 1519 beginnt es
sind meist einseitige vorzügliche, nicht ängstlich, in grossem Styl gearbeitete Brustbilder, einen bedeutenden Einfluss hatten, ja wahrscheinlich den Medailleuren als
Originale dienten, habe ich oben in dem Aufsatz über
jene Zeichnungen gezeigt. Welchen Antheil Dürer an
den Medaillen selbst hat, ist nicht zu entscheiden. Seine
Hand scheint nicht dabei betheiligt.

Häufig sind gleichzeitige Medaillen mit Dürers Portrait. Diese Nürnberger Arbeiten sind Copien des wohl von Dürer selbst gezeichneten — oder doch, wie Retberg meint, aus seiner Werkstätte hervorgegangenen [1] — Holzschnitt, B. 156 von 1527; die Rückseite der besten dieser Medaillen ist ebenfalls Copie eines Dürerschen Holzschnittes, seines Wappens von 1523, B. 160. Die Umschrift dieser Medaille (Æ. 37 Millim., gegossen und ciselirt, Berliner Museum, ausgelegt unter Nr. 942) ist: Imago Alberti Dureri aetatis suae LVI. *Rf.* inclita virtus MDXXVII.

Andere, meist geringere Wiederholungen des Kopfes einzeln zu beschreiben, würde zu weit führen; alle gehen auf den Holzschnitt B. 156 zurück. Dürer selbst hat gewiss keinen Antheil an einer dieser Medaillen.

Andere spätere Arbeiten, meist nach Melchior Lorchs Kupferstich von 1550 und noch spätere immer schlechter werdende (die schlechtesten sind natürlich die aus unserem Jahrhundert) gehören nicht hierher.

Es scheint mir hier nicht unangemessen, überhaupt Einiges über Medaillen-Copien gleichzeitiger Kupferstiche und Holzschnitte etc. Dürers und anderer Maler und Kupferstecher der ersten Hälfte des 16. Jahrhunderts herzusetzen nach den Beobachtungen, die ich im Münzcabinet des Berliner Museums gemacht.

Auf einer geringen gegossenen Medaille, etwa um die Mitte des 16. Jahrhunderts gemacht, die keine nähere

---

[1] Retbergs Datirung ist aber nicht ganz richtig; er setzt es um 1528. Mag auch die Jahreszahl 1527 ein späterer Zusatz sein, so beweist doch die Medaille von 1527, dass auch das Blatt in diesem Jahre schon fertig war.

Beschreibung verdient, ist der stehende Christus aus dem Titelblatt der Kupferstichpassion, B. 3, nachgeahmt. Andrea Spinelli, ein Venezianer Medailleur, copirt auf der Rückseite einer Medaille des Senators Hieronymus Zane recht geschmackvoll Dürers Hieronymus in der Wüste, B. 61, im Jahr 1540; in Venedig war Dürer ja sehr beliebt. Merkwürdig ist übrigens auch jetzt noch in Oberitalien, z. B. in Verona, die Menge Dürerscher Blätter, jeder Trödler hat Dürer, Originale und Copien.

Derselbe Spinelli copirt fast genau auf einer Medaille mit zwei Allegorien eine Figur aus Rafaels Loggien: eine sitzende geflügelte Gestalt mit zwei Posaunen auf der Weltkugel. Spinellis Umschrift ist: IMORLTAS 1541 (Immortalitas 1541).

Der schöne Kupferstich des Künstlers I. B. (B. 30) vom Jahre 1529, die vier allegorischen Figuren Spes, Tribulatio, Invidia, Tolerantia ist in der Darstellung und den Beischriften genau copirt auf einer prächtigen silbernen Medaille (gegossen und ciselirt) des Kurfürsten Otto Heinrich von der Pfalz, des Erbauers des Heidelberger Schlosses, mit Brustbild von vorn und der Jahreszahl 1537, von einem unbekannten Künstler.

Holbein wird copirt auf einer gut gearbeiteten, gegossenen und ciselirten viereckigen Medaille des Kurfürsten Johann Friedrich von Sachsen: die Dreieinigkeit aus den Bibelbildern. Ferner das erste und vorletzte Blatt der Imagines mortis, die Erschaffung der Eva und das jüngste Gericht, auf einer grossen geprägten silbernen

Medaille von leidlicher Ausführung von 1546. mit den
Initialen C. W.

———

Aldegrevers Verstossung der Thamar B. 24 findet
sich auf einem geringen kleinen Schaustück, in Darstellung und Inschrift copirt.

Mehr habe ich in der grossen Berliner Sammlung
nicht gefunden, doch wird der Kupferstichkenner bei
genauem Studium noch mehr finden. Es ist aber doch
eigenthümlich, dass die Kupferstecher und Holzschneider,
sogar die bedeutendsten Meister, im Ganzen so wenig
Einfluss auf die gleichzeitigen Medailleure hatten; es
zeigt die grosse Selbständigkeit dieser trefflichen Klein-
künstler, die uns leider fast immer ihren Namen ver-
schwiegen haben.

Vasari über Dürer [1].

Die Beachtung, welche Giorgio Vasari in seinen vite de' più eccellenti pittori etc. (1. Ausg. 1550, 2. 1568) den Werken Albrecht Dürers schenkt, ist schon deshalb von grossem Interesse, weil diese Bemerkungen Vasaris — wenn man Dürers eigene Notizen ausnimmt — so ziemlich das einzige Verständige sind, was wir von zeitgenössischen Berichten über Dürer besitzen. Merkwürdigerweise haben die früheren Kunsthistoriker Bartsch, Heller etc. dieselben so gut wie gar nicht benutzt und gewürdigt; erst Hausmann hat dies in seinem trefflichen Werke: Albrecht Dürers Kupferstiche etc., Hannover 1861, gethan, dasselbe thut Retberg in seinem nützlichen Buch: Dürers Kupferstiche etc. 1871. Commentirt sind die auf Dürer bezüglichen Abschnitte in den Gesammtausgaben der Werke Vasaris vielfach worden, besonders brauchbar sind die aus allen früheren Editionen zusammengestellten und vermehrten Anmerkungen der Triester Ausgabe vom Jahre 1862; auch die bekannte Förstersche Uebersetzung des Vasari enthält einen reichen Commentar. Da aber

---

[1] Mit einigen Aenderungen, die ich zum Theil einem anonymen Referat (Zahns Jahrb. für Kunstw. I, p. 364) verdanke, aus dem 45. Band des neuen Lausitzischen Magazins wieder abgedruckt.

der letztere keineswegs erschöpfend, zuweilen sogar sehr
unrichtig ist — z. B. III. 2. 315. Anm. 36: »Ueberdies
war Dürer zu einer Zeit 1506 in Venedig, wo M. Anton
noch keinen Stich nach seinen Blättern kopirt.« Ebendas.
S. 314. Anm. 31: »Das erste Holzschnittwerk Dürers, das
Marc. Ant. in Venedig sah, konnte nicht die hier genannte
Passion, die erst zwischen 1509—12 erschien, sondern
nur das bereits 1504 herausgegebene Leb. d. M. sein.«
S. 309. Anm. 16: (B. 76 betreffend) »auf eine Eisenplatte
geätzt« — und auch der Commentar der Italiänischen Ausgaben — selbst der Lemonnier'schen — mancher Vervollstän-
digung bedarf, möchte ein besonderer Abdruck der Bemerkungen Vasaris über Dürers Kupferstiche und Holzschnitte
mit möglichst vollständigen Anmerkungen vielleicht nicht
ganz unnütz sein. Historischen Werth haben Vasaris Notizen
eigentlich nicht und sind in dieser Beziehung nur mit
Vorsicht zu benutzen: von einer kritischen Betrachtung
der Werke Dürers ist bei ihm keine Rede, auch mit der
Chronologie nimmt er es nach der Weise der damaligen
Zeit nicht sehr genau und Irrthümer und Verwechselungen
kommen häufig vor; aber wegen der ansprechenden Darstellung, des verständigen Urtheils und der unbedingten
Würdigung und Anerkennung, welche der Italiäner dem
grossen »tedesco« oder »fiamingo«, wie er ihn nennt, zu
Theil werden lässt, verdienen sie doch eine grössere Beachtung, als man ihnen bisher geschenkt hat. — Die
ebenfalls Dürer betreffenden Stellen bei Vasari, im Leben
des Tizian, Pontormo und Andrea del Sarto, deren Weglassen in Zahns Jahrb. f. Kunstwissensch. gerügt wird,
habe ich auch hier nicht aufgenommen. Gewiss sind diese
Stellen mindestens eben so wichtig als die hier mitge-
theilten, da sie aber nicht speciell auf Dürers Kupferstiche

und Holzschnitte eingehen, sondern nur über die Art und
Weise wie Bellin, Pontormo und Andrea del Sarto einzelne
Figuren, ja bisweilen sogar die Manier Dürers copirten und
nachahmten, sich verbreiten, glaube ich, dass eine Betrachtung und Commentirung dieser Stellen für unsern Zweck we-
niger wichtig sei und mehr vor das Forum der Gemäldekenner
gehöre. — Der Text ist nach der Lemonnier'schen Ausgabe
wiedergegeben, mit Vergleichung der Ausgabe von 1568.

Giorgio Vasari, vite de' più excellenti pittori etc.

(Leben Rafaels, Ed. Lemonnier, VIII, 35.)

Per queste e molte altre opere essendo passata la
fama di questo nobilissimo artefice insino in Francia ed
in Fiandra, Alberto Durero tedesco, pittore mirabilissimo
ed intagliatore di rame di bellissime stampe, divenne tri-
butario delle sue opere a Raffaello, e gli mandò la testa
d'un suo ritratto condotta da lui a guazzo su una tela di
bisso che da ogni banda mostrava parimente, e senza
biacca i lumi trasparenti, se non che con acquerelli di
colori era tinta e macchiata, e de' lumi del panno aveva
campato i chiari: la quale cosa parve maravigliosa a
Raffaello; perchè egli gli mandò molte càrte disegnate di
man sua, le quali furono carissime ad Alberto. Era questa testa fra le cose di Giulio Romano, ereditario di Raffaello, in Mantova. Avendo dunque veduto Raffaello lo
andare nelle stampe d'Alberto Durero, volonteroso ancor
egli di mostrare quel che in tale arte poteva, fece studiare Marco Antonio Bolognese in questa pratica infini-
tamente[1] . . .

---

[1] Dieser kleine Abschnitt findet sich mit sehr geringen und
unwichtigen Wortabweichungen schon in der ersten Ausgabe von
Vasaris Werk vom J. 1550, die folgenden erst in der vermehrten

(Leben Giulio Romanos, X, 111.)

Fra le molte cose rare che aveva (Giulio) in casa sua, vi era in una tela di rensa sottile il ritratto naturale d'Alberto Duro, di mano di esso Alberto, che lo mandò, come altrove si è detto, a donare a Raffaello da Urbino; il qual ritratto era cosa rara, perchè essendo colorito a guazzo con molta diligenza e fatto d'acquerelli, l'aveva finito Alberto senza adoperare biacca, ed in quel cambio si era servito del bianco della tela, delle fila della quale, sottilissime, aveva tanto ben fatti i peli della barba, che era cosa a non potersi imaginare, non che fare, ed al lume traspareva da ogni lato: il quale ritratto, che a Giulio era carissimo, mi mostrò egli stesso per miracolo, quando, vivendo lui, andai per mie bisogne a Mantova.

(Leben des Marco Antonio Raimondi.)
Verschiedene Stellen aus IX, 256—99.

(Marcantonio intagliò in profilo etc.) e no molto dopo, i dodici imperadori antichi in medaglie: delle quali carte mandò alcune Raffaello in Fiandra ad Alberto Duro, il

---

zweiten von 1568. Vasari schreibt hier Dürers Namen Durero, also richtiger als später, wo er immer Duro heisst. Auch nennt er ihn hier einen tedesco, während er ihn später irrig als einen fiamingo aus Antwerpen bezeichnet: tedesco und fiamingo sind aber für Vasari wohl ziemlich gleichbedeutend. Das hier erwähnte Selbstportrait Dürers ist nicht mehr erhalten, doch befindet sich in Paris das in ähnlicher Weise ausgeführte Portrait eines alten Mannes von Dürer; eine von Rafaels Zeichnungen, welche er als Gegengeschenk an Dürer schickte, befindet sich in der Albrechtssammlung in Wien. Sie stellt zwei nackte männliche Figuren dar und trägt von Dürers Hand die Aufschrift: »1515. Raffahel di urbin der so hoch peim pobst geacht ist gewest hat die hat dyse nackette bild gemacht und hat sy dem albrecht dürer gen Nornberg geschickt in sein hand zw weisen.«

quale lodò molto Marcantonio, e all' incontro mandò a
Raffaello, oltre molte altre carte, il suo ritratto, che fu
tenuto bello affatto.

Dopo questo Martino [1] comminciò Alberto. Duro in
Anversa [2] con più disegno e miglior giudizio e con più
belle invenzioni a dare opera alle medesime stampe, cer-
cando d'imitar il vivo e d'accostarsi alle maniere italiane,
le quali egli sempre apprezzò assai: e così, essendo gio-
vanetto, fece molte cose che furono tenute belle quanto
quelle di Martino, e le intagliava di sua man propria,
segnandole col suo nome: e l'anno 1503 mandò fuori una
Nostra Donna piccola, nelle quale superò Martino e sè
stesso [3]; ed appresso in molte altre carte, cavalli, a due
cavalli per carta, ritratti dal naturale e bellissimi [4]: ed
in un' altra il Figliuol prodigo [5], il quale stando a uso
di villano ginocchioni con le mani incrocicchiate, guarda
il cielo, mentre certi porci mangiano in un trogolo; ed
in questa sono capanne a uso di ville tedesche, bellissime.
Fece un San Bastiano piccolo, legato con le braccia in
alto [6], ed una Nostra Donna che siede col Figliuolo in

[1] Martin Schongauer, den Vasari ebenfalls einen »fiamingo«
nennt.

[2] Der Irrthum Vasaris bei der Angabe von Dürers Vaterstadt
ist schon oben erwähnt.

[3] Bartsch, peintre-graveur, Dürer No. 34.

[4] B. 96. 97. Vasari hatte diese beiden Blätter offenbar nicht
vor sich, denn er beschreibt sie unrichtig. Auf jedem Blatt ist nur
ein Pferd. Seine Beschreibung auf andere Stiche, als B. 96. 97
zu deuten ist aber nicht möglich. — Bekanntlich schreibt Vasari oft
aus der Erinnerung.

[5] B. 28.

[6] B. 55.

collo, e un lume di finestra gli dà addosso[1]; che per
cosa piccola non si può vedere meglio. Fece una femina
alla fiaminga a cavallo, con uno stalliere a piedi[2]: ed
in un rame maggiore intagliò una ninfa portata via da
un mostro marino[3], mentre alcun' altre ninfe si bagnano.
Della medesima grandezza intagliò con sottilissimo ma-
gisterio, trovanda la perfezione e il fine di quest' arte,
una Diana che bastona una ninfa[4], la quale si è messa,
per essere difesa, in grembo a un satiro: nella quale
carta volle Alberto mostrare che sapeva fare gl' ignudi.
Ma ancora che questi maestri fussero allora in que' paesi
lodati, ne' nostri le cose loro sono per diligenza solo
dell' intaglio l'opere loro commendate: e voglio credere
che Alberto non potesse per avventura far meglio, come
quello che non avendo commodità d'altri, ritraeva, quando aveva a fare ignudi, alcuno de' suoi garzoni che do-

---

[1] Eine mit dieser Beschreibung übereinstimmende Madonna
Dürers existirt nicht.

[2] B. 82.

[3] B. 71. Der sogenannte Raub der Amymone, von Dürer in
seinem Tagebuche »Meerwunder« genannt. Vasaris Deutung ist offenbar unrichtig; der Meergreis entführt keine Nymphe, sondern
eines der badenden Mädchen, wie dies die ganze Situation und die
Figuren des Hintergrundes beweisen. Eine mythologische Scene ist
es gewiss.

[4] B. 73, die sogenannte Eifersucht. Es ist, wie bereits bemerkt wurde, ein Versehen Hausmanns, welcher p. 29 sagt, Vasari
beschreibe dies Blatt als eine Venus — nicht Diana — welche eine
Nymphe schlägt etc. Weder in der Ausgabe von 1568 noch in
späteren findet sich diese wohl auch dem Sinne nach unmögliche
Aenderung. Ueber die Bedeutung dieses, von Dürer selbst Herculus
genannten Blattes s. oben den besondern Abschnitt. Es ist wahrscheinlich Nessus und Deianira.

vevano avere, come hanno per lo più i tedeschi, cattivo
ignudo, se bene vestiti si veggiono molto begli uomini
di que' paesi. Fece molti abiti diversi alla fiaminga
in diverse carte stampate piccole, di villani e villane che
suonano la cornamusa e ballano, alcuni che vendono pol-
li [1] e altre cose, e d'altre maniere assai. Fece uno che
dormendo in una stufa, ha intorno Venere che l'induce
a tentazione in sogno, mentre che Amore salendo sopra
due zanche si trastulla, e il diavolo con un soffione, o
vero mantice, lo gonfia per l'orecchie [2]. Intagliò anco
due San Cristofani diversi, che portano Cristo fanciullo [3],
bellissimi e condotti con molta diligenza ne' capegli sfilati
e in tutte l'altre cose. Dopo le quali opere vedendo con
quanta larghezza di tempo intagliava in rame, e trovan-
dosi avere gran copia d'invenzioni diversamente disegnate, si mise a intagliare in legno [4]; nel qual modo di fare
coloro che hanno maggior disegno, hanno più largo cam-
po da poter mostrare la loro perfezione. E di questa
maniera mandò fuori, l'anno 1510, due stampe piccole:
in una delle quali è la decollazione di San Giovanni; e
nell' altra, quando la testa del medesimo è presentata in
un bacino a Erode che siede a mensa [5]: ed in altre

---

1) B. 91. der Dudelsackpfeifer; B. 90. der Bauerntanz und B. 89.
der Marktbauer.
2) B. 76. Die Trägheit oder der Traum genannt. Vasaris Erklärung scheint die richtige zu sein.
3) B. 51. 52 von 1521.
4) Die Erörterung der Frage, ob Dürer selbst in Holz geschnitten oder nicht, gehört nicht hierher. Sicher ist nur, dass er auf
Holz gezeichnet. Sein frühestes Holzschnittwerk ist die Apokalypse
1498.
5) B. 125, 1510 und 126, 1511.

carte, San Cristofano [1]), San Sisto papa, San Stefano e San
Lorenzo [2]). Perchè veduto questo modo di fare essere
molto più facile che l'intagliare in rame, seguitandolo,
fece un San Gregorio che canta la messa, accompagnato
dal diacono e sodiacono [3]): e cresciutogli l'animo, fece in
un foglio reale, l'anno 1510, parte della Passione di Cristo, cioè ne condusse, con animo di fare il rimanente,
quattro pezzi: la Cena, l'esser preso di notte nell' orto,
quando va al Limbo a trarne i Santi Padri, e la sua
gloriosa Resurrezione; e la detta seconda parte fece anco
in un quadretto a olio molto bello, che è oggi in Firenze
appresso al sgr. Bernardetto de' Medici: e se bene sono
poi state fatte l'altre otto parti, che furono stampate col
segno d'Alberto, a noi non pare verisimile che siano
opera di lui, attesochè sono mala cosa, e non somigliano
nè le teste nè i panni nè altra cosa la sua maniera;
onde si crede che siano state fatte da altri dopo la morte
sua per guadagnare, senza curarsi di dar questo carico
ad Alberto [4]). E che ciò sia vero, l'anno 1511 egli fece
della medesima grandezza in venti carte tutta la Vita di

---

1) B. 103 oder 104.

2) B. 108, die heiligen Stephanus, Gregorius und Laurentius.

3) B. 123.

4) B. 4—15, die grosse Passion. Dass die andern Blätter der grossen
Passion schlechter geschnitten sind als die vier von Vasari genannten, ist, wenn man den schönen Titel B. 4 ausnimmt, richtig. Dass
diese schlechter ausgeführten Blätter aber erst nach Dürers Tode
gemacht seien u. s. w., beruht auf Unkenntniss Vasaris; denn bekanntlich erschienen die zwölf Blätter der grossen Passion mit Text
im Jahre 1511. Merkwürdig ist es bei dem sonst so verständigen
Urtheil Vasaris, dass er die grosse Schönheit des Titelblattes der
Passion nicht anerkennt, das auch in der Technik des Holzschnittes
den vier guten Blättern B. 5, 6, 14 und 15 mindestens gleichkommt.

Nostra Donna[1]) tanto bene, che non è possibile, per in-
venzione, componimenti di prospettiva, casamenti, abiti,
e teste di vecchi e giovani, far meglio. E nel vero, se
quest' uomo sì raro, sì diligente e sì universale avesse
avuto per patria la Toscana, come egli ebbe la Fiandra,
ed avesse potuto studiare le cose di Roma, come abbiam
fatto noi, sarebbesi stato il miglior pittore de' paesi nostri, sì come fu il più raro e il più celebrato che abbiano mai avuto i fiamminghi[2]). L'anno medesimo seguitando
di sfogare i suoi capricci, cerco Alberto di fare della medesima grandezza XV. forme intagliate in legno della
terribile visione che San Giovanni Evangelista scrisse nell'
isola di Patmos nel suo Apocalisse[3]). E così messo mano all' opera, con quella sua imaginativa stravagante e
molto a proposito a cotal suggetto, figurò tutte quelle
cose così celesti come terrene tanto bene, che fu una
maraviglia, e con tanta varietà di fare in quegli animali
e mostri, che fu gran lume a molti de' nostri artefici che
si son serviti poi dell' abbondanza e copia delle belle
fantasie e invenzioni di costui. Vedesi ancora di mano
del medesimo in legno un Cristo ignudo, che ha intorno
i misteri della sua Passione, e piange con le mani al
viso i peccati nostri[4]); che per cosa piccola, non è se

[1]) B. 76—95, das Leben der Maria; es erschien mit Text 1511,
die früheste Jahreszahl auf einem Blatte der Folge (B. 79) ist aber
1504. Die frühere Lesung, 1509 statt 1504, ist irrig.

[2]) Aus dieser schönen Aeusserung Vasaris scheint das bekannte
dem Rafael zugeschriebene Urtheil »wahrlich, dieser würde uns alle
übertreffen etc.« entstanden zu sein.

[3]) B. 60—75, die Apokalypse, mit dem Titel 16 Blatt. Die beiden
ersten Ausgaben, eine deutsche und lateinische, erschienen 1498,
die dritte lateinische mit Hinzufügung des Titelholzschnittes 1511.

[4]) B. 16, das Titelblatt der kleinen Passion. V. verwechselt es

non lodevole. Dopo, cresciuto Alberto in facultà e in
animo, vedendo le sue cose essere in pregio, fece in rame
alcune carte che feciono stupire il mondo. Si mise anco
ad intagliare per una carta d'un mezzo foglio la Malin-
conia[1]), con tutti gl' instrumenti che riducono l'uomo a
chiunque gli adopera a essere malinconico: e la ridusse
tanto bene, che non è possibile col bulino intagliare più
sottilmente. Fece in carte piccole tre Nostre Donne, va-
riate l'una dall' altre[2]), e d'un sottilissimo intaglio. Ma
troppo sarei lungo se io volessi tutte l'opere raccontare,
che uscirono di mano ad Alberto. Per ora basti sapere,
che avendo disegnato per una Passione di Cristo 36 pezzi[3]), e poi intagliatigli, si convenne con Marcantonio bolognese di mandar fuori insieme queste carte[4]); e così
capitando in Vinezia, fu quest' opera cagione che si sono
poi fatte in Italia cose maravigliose in queste stampe,
come di sotto si dirà.

Mentre che in Bologna Francesco Francia attendeva
alla pittura, fra molti suoi discepoli fu tirato innanzi,

theilweise mit B. 122, der Dreieinigkeit. — Dass Christus unsere
Sünden beklagt, steht in den schönen Versen des Chelidonius, der
Unterschrift des Blattes.

[1]) B. 74. Eine befriedigende Erklärung dieses Stiches giebt es
noch nicht. Die von Vasari gegebene ist wenigstens nicht so ge-
schraubt als die landläufige moderne, welche in der »Melencolia« den
Genius des geistigen Schaffens etc. erkennen will.

[2]) Da Vasari keine genauere Beschreibung giebt, wissen wir
nicht, welche drei Marien er meint.

[3]) B. 17—52, die kleine Passion, mit dem oben erwähnten Titel
37 Blatt.

[4]) Dies scheint doch auf eine Uebereinkunft mit Dürer bezüglich
und steht mit dem weiter unten erzählten Prozess im Widerspruch.
Vgl. die dazu gehörige Anmerkung.

come più ingegnoso degli altri, un giovane chiamato Marc-antonio, il quale per essere stato molti anni col Francia, e da lui molto amato, s'acquistò il cognome de' Franci. Costui dunque, il quale aveva miglior disegno che il suo maestro, maneggiando il bulino con facilità e con grazia, fece, perchè allora erano molto in uso, cinture ed altre molte cose niellate, che furono bellissime, perciocchè era in quel mestiero veramente eccellentissimo. Venutogli poi disiderio, come a molti avviene, d'andare pel mondo e vedere diverse cose e i modi di fare degli altri artefici, con buona grazia del Francia se n'andò a Vinezia, dove ebbe buon ricapito fra gli artefici di quella città. Intanto capitando in Vinezia alcuni fiaminghi con molte carte intagliate e stampate in legno ed in rame da Alberto Duro, vennero vedute a Marcantonio in su la piazza di San Marco: perchè stupefatto della maniera del lavoro e del modo di fare d'Alberto, spese in dette carte quasi quanti danari aveva portati da Bologna, e fra l'altre cose comperò la Passione di Gesù Cristo intagliata in 36 pezzi di legno in quarto foglio, stata stampata di poco dal det-to Alberto: la quale opera cominciava dal peccare d'Ada-mo ed essere cacciato di Paradiso dall' Angelo, infino al mandare dello Spirito Santo. E considerato Marcan-tonio quanto onore ed utile si avrebbe potuto acquistare, chi si fusse dato a quell' arte in Italia, si dispose di volervi attendere con ogni accuratezza e diligenza; è così cominciò a contrafare di quegli intagli d'Alberto, studi-ando il modo de' tratti ed il tutto delle stampe che avea comperate: le quali per la novità e bellezza loro erano in tanta riputazione, che ognuno cercava d'averne. Avendo dunque contrafatto in rame d'intaglio grosso, come era il legno che aveva intagliato Alberto, tutta la detta Pas-

sione e vita di Cristo in 36 carte; e fattovi il segno che
Alberto faceva nelle sue opere, cioè questo, AD[1], : riuscì
tanto simile, di maniera che non sapendo nessuno ch'
elle fussero fatte da Marcantonio, erano credute d'Alberto,
e per opere di lui vendute e comperate: la qual cosa
essendo scritta in Fiandra ad Alberto, e mandatogli una
di dette Passioni contrafatte da Marcantonio, venne Alberto
in tanta collera, che, partitosi di Fiandra, se ne venne a Vinezia, e ricorso alla Signoria, si quirelò di Marcantonio; ma
però non ottenne altro, se non che Marcantonio non facesse
più il nome nè il segno sopradetto d' Alberto nelle sue opere[2].

[1] Marc Anton hat sämmtliche 37 Blätter in der Passion copirt.
Dass dieselben das Zeichen Dürers tragen, ist falsch und beruht auf
einer Verwechselung mit dem Leben der Maria. Vgl. die folgende
Anmerkung. — In der Ausgabe von 1568 steht irrig AE statt AD.

[2] Diese Erzählung steht mit den vorhergehenden Worten, welche
von einem Uebereinkommen Dürers mit Marc Anton in Betreff der
Herausgabe der kleinen Passion zu handeln scheinen, im Widerspruch. Was die Prozessgeschichte selbst anlangt, so ist bekanntlich die gewöhnliche Annahme, dass die ganze Erzählung dem Be-
reiche der Sage oder Erdichtung angehört. Dass Vasari Dürer von
Flandern, nicht von Nürnberg aus nach Venedig reisen lässt, ist
die Folge seines oben besprochenen Irrthums. Zunächst steht nun
längst fest, dass Vasari hier die kleine Passion von Marc Anton mit
dem Leben der Maria verwechselt, denn nicht die Passion, sondern
nur das Leben der Maria trägt Dürers Monogramm; die kleine
Passion, welche überdies erst nach Dürers venezianischer Reise
erschien, hat aber Marc Antons leere Tafel. Ferner ist es natürlich
lächerlich und undenkbar, dass Dürer, nur um mit Marc Anton zu
prozessiren, sich sofort aufgesetzt und die weite kostspielige Reise
unternommen haben sollte. Was aber das berichtete Factum selbst
anlangt, so glaubt Hausmann an die Wahrheit desselben und führt
(S. 56 ff.), wie es scheint, recht überzeugend aus, dass das Fehlen
von Dürers Monogramm und Marc Antons leere Tafel auf den Copien der kleinen Passion Vasaris Erzählung zu bestätigen scheinen.
Aber, wenn Marc Anton mit seinen Copien des Lebens der Maria

Dopo le quali cose andatosene Marcantonio a Roma, si diede tutto al disegno: ed Alberto tornato in Fiandra, trovò un

wirklich betrügen und sie als Dürersche Originale hätte verkaufen wollen, wäre er dann wohl so thöricht gewesen, auf zwei Blättern der aus 17 Stichen bestehenden Folge: der Anbetung der Könige und der Verehrung der Jungfrau durch die Heiligen sein Monogramm MAF, und zwar nicht etwa versteckt, sondern deutlich genug, auf dem ersten Blatte noch mit Hinzufügung der Jahreszahl 1506, anzubringen? Jedenfalls konnte er so nie die ganze Folge von 17 Blatt als Dürersche Originale verkaufen und würde auch, wenn er die übrigen 15 als Dürersche Stiche verkauft hätte, sehr bald als ungeschickter Betrüger entlarvt worden sein. Die Bezeichnung der zwei erwähnten Blätter scheint mir ein sicherer Beweis dafür, dass Marc Anton eben recht absichtlich die mögliche Täuschung vermeiden wollte und Dürers Werke ohne jeden dolus nachahmte. Eine beabsichtigte Betrügerei ist ihm also beim Leben der Maria ebenso wie selbstverständlich auch bei der kleinen Passion absolut nicht nachzuweisen. Ob nun Dürer aber dennoch wegen der andern Copien Marc Antons nach seinen Stichen bei der Signoria geklagt und dadurch erreicht, dass Marc Anton künftig bei seinen Copien das Dürersche Zeichen weglassen musste, das bleibt freilich dahingestellt. Bekanntlich beklagt sich Dürer selbst in einem Briefe an Pirkheimer über die Italiener, die zwar seine Arbeiten tadelten, aber hinter seinem Rücken überall in betrüglicher Absicht copirten. Was Vasari vorher mit dem Uebereinkommen Dürers mit Marc Anton bei Herausgabe der kleinen Passion meint, ist gänzlich unklar. Vielleicht hat Marc Anton bei Dürer angefragt und von ihm ausdrücklich die Erlaubniss erhalten, sie zu copiren. Bei der Unklarheit aber, dem Widerspruch und dem etwas märchenhaften Charakter der ganzen Erzählung Vasaris bleibt die Geschichte von jenem Prozess bei der Signoria immer noch sehr zweifelhaft; sicher ist jedoch, wie gesagt, dass Marc Anton weder bei seinen Copien des Lebens der Maria noch denen der kleinen Passion an Betrug denken konnte. — Die gewöhnlichen numerirten Abdrücke der mehrfach retouchirten Platten dieser beiden Werke sind zur künstlerischen Beurtheilung derselben völlig unbrauchbar. Nur die alten nicht numerirten Abdrücke, die nicht häufig, was das Leben der Maria betrifft, sogar sehr selten sind, geben einen Be-

altro emulo, che già aveva cominciato a fare di molti intagli
sottilissimi a sua concorrenza: e questi fu Luca d'Olanda [1].
il quale, se bene non aveva tanto disegno quanto Alberto.
in molte cose nondimeno lo paragonava col bulino . . .

(Vasari beschreibt hier mehrere Blätter von Lucas von
Leyden, darunter den Zauberer Virgil :
. . . con alcune teste e figure tanto maravigliose. che
elle furono cagione che assottigliando Alberto per questa
concorrenza l'ingegno, mandasse fuori alcune carte stampate tanto eccellenti [2] . che non si può far meglio: nelle
quali volendo mostrare quanto sapeva , fece un uomo ar-
mato a cavallo [3]) per la Fortezza umana tanto ben finito.
che vi si vede il lustrare dell' arme e del pelo d'un ca-

---

griff von der grossen Schönheit und Weichheit der Arbeit. Der
Charakter der Dürerschen Originale ist freilich nicht darin, doch ist
bei der kleinen Passion die Technik des Holzschnittes sehr glück-
lich wiedergegeben.

[1]) Lucas von Leyden.

[2]) Der Virgil des Lucas ist vom Jahre 1525, Ritter Tod und
Teufel aber v. J. 1513. Von einer »Konkurrenz« ist also nicht die
Rede.

[3]) B. 98. Vasaris Erklärung ist nicht ganz richtig. Dieses Blatt
sowohl wie der sg. Gewaltthätige, der Spaziergang, das Wappen mit
dem Todtenkopf und die Holzschnitte: der Soldat und der Tod,
B. 132, und die drei von Gerippen überfallenen Reiter (vgl. über
dieses Blatt Passavant III, 226 ff.) sind, wie bereits Woltmann
(Holbein und seine Zeit, I, p. 92) richtig bemerkt, Todesbilder, sog.
Todtentanzdarstellungen, die bekanntlich in jener Zeit sehr beliebt
und häufig waren. Auf B. 98 scheint allerdings nach der Absicht
des Künstlers der Ritter durch seine ruhige und unbeirrte Haltung
den drohenden Gespenstern zu entgehen, und insofern mag Vasaris
Deutung etwas Richtiges enthalten. Die verschiedenen zum Theil
absurden Fabeln über den Gegenstand des berühmten Blattes gehören nicht hierher. — Dürer selbst nennt es den »Reuther«.

vallo nero; il che fare è difficile in disegno: aveva questo uomo forte la Morte vicina, il Tempo in mano, e il diavolo dietro; evvi similmente un can peloso, fatto con le più difficili sottigliezze che si possino fare nell' intaglio. L'anno 1512[1]) uscirono fuori, di mano del medesimo, sedici storie piccole in rame della Passione di Gesù Cristo, tanto ben fatte, che non si possono vedere le più belle, dolci e graziose figurine, nè che abbiano maggior rilievo. Da questa medesima concorrenza mosso il detto Luca d'Olanda, fece dodici pezzi simili e molto belli, ma non già così perfetti nell' intaglio e nel disegno: ed oltre a questi, un San Giorgio, il quale conforta la fanciulla etc., un Salamone . . . Dall' altro canto, Alberto non volendo essere da Luca superato nè in quantità nè in bontà d'opere, intagliò una figura nuda sopra certe nuvole[2]) e la Temperanza con certe ale mirabili, con una coppa d'oro in mano ed una briglia[3]), ed un paese minutissimo; e appresso, un Santo Eustachio[4]) inginocchiato dinanzi al cervio, che ha il Crucifisso fra le corna: la quale carta è mirabile, e massimamente per la bellezza d'alcuni cani in varie attitudini, che non possono essere più belli. E fra i molti putti ch' egli fece in diverse maniere per

---

[1]) B. 3—18, die Passion. Da Vasari 16 Blätter anführt, also auch B. 18, die Heilung des Lahmen, mit zur Passion rechnet, ist die von ihm gegebene Jahreszahl 1512 unrichtig, denn B. 18 ist vom Jahre 1513. Das früheste Blatt, B. 14, ist von 1507.

[2]) Wie man glaubt B. 78, das sg. kleine Glück, die Figur schwebt aber nicht auf Wolken. Vielleicht ist hier im Text irgend welches Versehen und die ganze Beschreibung bezieht sich nur auf das eine Blatt B. 77.

[3]) B. 77, das sogenannte grosse Glück, von Dürer selbst Nemesis genannt, wie Hausmann jetzt mit Sicherheit nachgewiesen hat.

[4]) B. 57.

ornamenti d'armi e d'imprese, ne fece alcuni che tengono uno scudo, dentro al quale è una Morte con un gallo per cimieri [1]), le cui penne sono in modo sfilate, che non è possibile fare col bulino cosa di maggior finezza. Ed ultimamente mandò fuori la carta del San Jeronimo che scrive [2]), ed è in abito di cardinale, col lione a' piedi che dorme: ed in questa finse Alberto una stanza con finestre di vetri, nella quale percotendo il sole, ribatte i razzi là dove il Santo scrive, tanto vivamente, che è una maraviglia: oltre che vi sono libri, oriuoli, scritture, e tante altre cose, che non si può in questa professione far più nè meglio. Fece poco dopo, e fu quasi dell' ultime cose sue, un Cristo con i dodici Apostoli piccoli, l'anno 1523 [3]). Si veggiono anco di suo molte teste di ritratti naturali in istampa, come Erasmo Roterodamo [4]), il cardinale Alberto di Brandinburgo [5]) elettore dell' Imperio, e similmente quello di lui stesso [6]). Nè con tutto che intagliasse assai, abbandonò mai la pittura, anzi di continuo fece

---

[1]) Hier macht Vasari aus den drei Blättern B. 66, die drei Genien, B. 101, das Wappen mit dem Todtenkopf und B. 100, das Wappen mit dem Hahn, ein einziges. Vasari erklärt B. 66 ganz richtig. Vgl. oben S. 17.

[2]) B. 60.

[3]) Vasari meint hier wahrscheinlich B. 46—50, die fünf Apostel, von denen 47 und 49 vom J. 1523 sind. Eine Folge von Christus und zwölf Aposteln existirt nicht.

[4]) B. 107.

[5]) B. 103 oder 104.

[6]) Ein Selbstportrait Dürers in Kupferstich existirt nicht; vielleicht meint Vasari den Holzschnitt B. 156. Dies Blatt trägt die Jahreszahl 1527 und das Monogramm; man vermuthet wohl mit Recht, dass das Blatt nur eine Dürersche Atelierarbeit ist. Ueber die Jahreszahl s. oben S. 29, Anm.

tavole, tele, ed altre dipinture tutte rare; e, che è più, lasciò molti scritti di cose attenenti all' intaglio, alla pittura, alla prospettiva ed all' architettura [1].

... l'opere di costui (Alberto) furono cagione che Luca d'Olanda seguitò quanto potè le vestigia d'Alberto. —

... e sono (le composizioni di Luca) più osservate, secondo l'ordine dell' arte, che quelle d'Alberto. — Le quali tutte opere d'Alberto e di Luca sono state cagione che dopo loro, molti altri fiaminghi e tedeschi hanno stampato opere simili bellissime.

... Molti altri Fiaminghi hanno con sottilissimo studio imitata la maniera d'Alberto Duro, come si vede nelle loro stampe ...

---

[1] Vier Bücher von menschlicher Proportion, erste Ausgabe 31. Oct. 1528, Underweisung und messung etc., erste Ausg. 1525 und Etliche Underricht zu befestigung etc., erste Ausg. 1527.

Nachtrag.

Zu Seite 30.

Cranachs Kupferstich, Luther im Profil, B. 6, oder das diesem nachgeahmte kleine Blättchen Altdorfers, B. 61, ebenfalls Kupferstich, wird genau copirt auf einer grossen Medaille v. J. 1521 mit der Umschrift:

> Heresibus si dignus erit Lutherus in ullis
> Et Christus dignus criminis hujus erit.

Aehnlich ist eine kleinere, ebenfalls gleichzeitige Medaille mit Luthers Bildniss und der Umschrift: Martinus Lutherus eccles. Witten. doctor. Beide sind von guter Arbeit.

Zu Seite 43 und 44.

Bei dem angeblichen Process mit M. Anton muss auch die interessante Stelle in Huttens Epistola ad Bilib. Pirckheimerum vitae suae rationem exponens, 1518 (Böcking. Hutten, I, p. 199) berücksichtigt werden: »cujus rei Italiae persuasionem vel maximam sui documento indidit ille nostro aevo pingendi artificio Apelles Albertus Durer, quem illi, cum nihil facile Germanum laudari apud se aut ex invidia qua gens illa peculiariter laborat, aut recepta jam vulgo opinione, ad omnia quae ingenio indigent, hebetes nos

esse et inertes, patiuntur, ita tamen admirantur, ut
non solum ultro ei concedant, sed et quidam,
ut opera sua vendibiliora faciant, illius sub
nomine ac inscriptione] proponant.« —

Diese in Augsburg im October des J. 1518 geschriebenen Worte stimmen im Wesentlichen mit Aeusserungen
Dürers — der mit Hutten im J. 1518 während des Reichs-
tages in Augsburg war und ihn daselbst gezeichnet hat —
in seinen Briefen an Pirckheimer (Campe, p. 13 u. 17)
überein und mögen Dürers eigenen Reden entnommen sein.
Für unsern Zweck ist besonders merkwürdig, dass Hutten
die im Originaldruck stehenden Worte: »ac inscriptione«
in seinem Handexemplar, das sich in seinem Nachlass
fand, gestrichen hat; warum, ist nicht ersichtlich, denn
in der Sache ist es ja richtig, vielleicht ist es nur eine
stylistische Verbesserung. — Uebrigens sind wir, was die
von Hutten hinterlassenen jetzt wie es heisst zum Theil
verloren gegangenen Handexemplare einiger seiner Schriften mit eigenhändigen Aenderungen und Verbesserungen
anlangt, nur auf die nicht genauen und unzuverlässigen
Nachrichten Münchs angewiesen. Vgl. Strauss, Hutten,
II, 321 und die betreffenden Stellen bei Böcking, der das
»ac inscriptione« als vom Autor selbst später verworfen
in seinem Text weglässt.

Verlag der Weidmannschen Buchhandlung (J. Reimer) in Berlin.

Druck von Breitkopf und Härtel in Leipzig.